Der Thüringer Wald aus der Luft

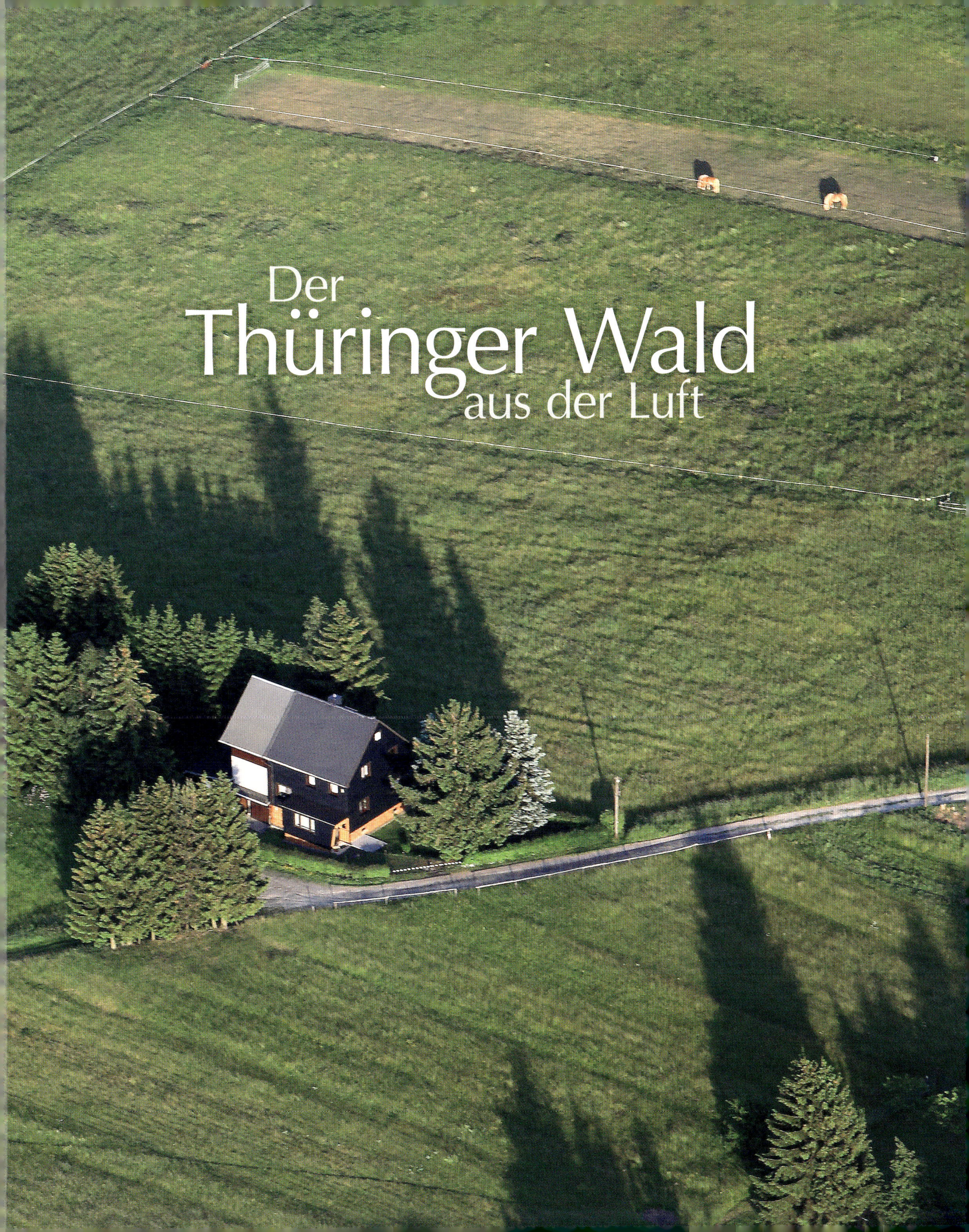

Franz X. Bogner

Der Thüringer Wald aus der Luft

Die schönsten Blicke auf Wälder, Seen und Sehnsuchtsorte

SUTTON ANSICHTEN

Impressum

Sutton Verlag GmbH
Hochheimer Straße 59
99094 Erfurt
www.suttonverlag.de

ISBN: 978-3-95400-740-0
Druck: Printer Trento | Italien
Gestaltung: Sutton Verlag
Kartografie: Heidi Schmalfuß
Alle Aufnahmen fertigte der Autor an.

Vorsatz: Der 811 Meter hohe Große Farmdenkopf ist mit dem gewaltigen Höhen-Becken des Pumpspeicherwerkes Goldisthal bebaut. Die Bebauung hatte den Berg vom Wald freigelegt, sodass das Hochbecken unübersehbar ist.

Inhalt

Prolog

Von oben sieht alles ganz anders aus. Eigentlich bekannte Landschaften oder Städteansichten wirken aus der Vogelperspektive oft wie Neuland. Kann der Blick länger verweilen, erkennt man aus der Höhe schnell unverhoffte Details, darüber hinaus fügen Luftbilder aber auch manchmal etwas zusammen, was am Boden nicht als Einheit zu erkennen ist. Mancher hat seine Adresse in Google Earth schon aus der Vogelschau gesucht. Doch so leicht wie heutzutage Bodenbilder zu machen sind, ist es nicht, aus einem schnell fliegenden Flugzeug oft in Bruchteilen von Sekunden ein Bild zu machen. Die digitalen Wunder unserer heutigen Kameras sind allesamt auf Bodenaufnahmen optimiert. Luftbilder mit ihren kurzen Zeitfenstern wollen hart erarbeitet sein. Schließlich werden Flugzeuge durch ihre schiere Geschwindigkeit in der Luft gehalten. Dieser Zusammenhang mag erklären, weshalb Luftbildbände heute ihre gute Marktnische haben.

Meinen Dank möchte ich zuallererst meinen Piloten aussprechen, die meist außerhalb regulärer Betriebszeiten zur Verfügung standen. Alle Morgen- oder Abendflüge bedurften einer ausgeklügelten Logistik, um sie bei Wetterglück zu früher oder später Stunde Realität werden zu lassen. Vielen Dank an dieser Stelle allen hilfreichen Händen, die in meist kurzfristiger Abstimmung das Sammeln der vielen Luftbilder möglich machten. Mein zweiter großer Dank gebührt dem Sutton Verlag für ein Layout, das erneut alles trefflich ins rechte Licht setzt. Zudem gebührt mein Dank den Lesern, die sich weiter um den Thüringer Wald kümmern werden.

In Stützerbach hatten 1830 ein Glasmeister und sein Geselle erstmals technisches Glas herstellen können, das beispielsweise die Fertigung des ersten deutschen Thermometers erlaubte. Dieser Durchbruch war schnell die Grundlage der Thermometer-Industrie im Ilmenauer Raum.

Der Thüringer Wald

Der Thüringer Wald macht seinem Namen alle Ehre. 150 Kilometer lang und 35 Kilometer breit, erstreckt sich der Bergrücken von Südosten bis nach Nordwesten und zieht sich dabei bis 983 Meter in die Höhe. Als waldreiches Mittelgebirge ist er sozusagen das grüne Herz mitten im ansonsten überbesiedelten Deutschland. Seine höchste Erhebung ist der Große Beerberg (983 Meter), auf ähnliche Höhen kommen der Schneekopf (978 Meter) und der Große Inselsberg (916 Meter). Der geologische Untergrund besteht zu großen Teilen aus vulkanischem Porphyr, Granit oder Gneis. Daneben sind auch jede Menge anderer Gesteine anzutreffen, beispielsweise ein Zechsteinriff, ein Ruhlaer Kristallin am Gerberstein oder Buntschiefer im Thüringer Schiefergebirge. Eine Vielzahl geologischer Störungen verhindert homogene geologische Gegebenheiten.

Jeder weiß, was einen Wald ausmacht. Man erwartet ein charakteristisches Waldklima, wenn der Wald groß genug ist. Wir denken wohl immer zuerst an ferne, unendliche Wälder in Skandinavien, Kanada oder der russischen Taiga. Die skandinavische Geschichte „Und ewig singen die Wälder" wurde schließlich allein in Deutschland vier Millionen Mal verkauft und weltweit in 22 Sprachen übersetzt. Über viele Wochen war das Buch „Das geheime Leben der Bäume" unverändert an der Spitze der Bestseller-Sachbuchliste. Umweltpsychologen haben den Wald entdeckt. Sie bescheinigen ihm Heilpotential für unsere psychische und physische Gesundheit. Mit Wald assoziieren wir Ruhe, Stille, Entspannung, ja Glücksempfinden. Manche rechnen dies sogar auf Bäume herunter: je mehr Bäume in einer Wohngegend stehen, desto niedriger das Risiko von Herz-Kreislauferkrankungen.

Wald assoziieren wir mit einem hohen Alter. Pflanzt ein Bauer einen Baum, wird erst sein Enkel ihn ernten können. Zeit ist die starke Hintergrundvariable, die uns einen Wald meist ehrfürchtig erleben lässt. Auch wenn alle unsere Ahnen dem Wald in aller Regel als Holzfäller begegneten, beginnen wir heutzutage, Ehrfurcht vor ihm zu haben und ihn neuerdings sogar aus Nutzungen herauszuhalten. Deutschland hat längst keine echten Urwälder mehr. Jeder Wald wurde im letzten Jahrtausend in irgendeiner Form von uns beeinflusst. Dennoch benennen wir naturnahe Relikte meist nur minimaler Größe als Urwälder, wie etwa Teile des Nationalparks Bayerischer Wald, des Nationalparks Harz, des Nationalparks Kellerwald-Edersee oder des Nationalparks Hainich. Diese Restflächen liegen heutzutage immer in Nationalparks; wir haben ihnen damit das Prädikat „wertvoll" angehängt. Unsere Gesellschaft sieht Wälder inzwischen als wichtig an. Ein Waldbesitzer darf nicht ohne Weiteres einen Wald in eine landwirtschaftliche Nutzfläche umwandeln.

Um Wald zu erleben, muss man nicht in die große Ferne schweifen. „Hic Rhodus, hic salta" will in sehr freier Übersetzung heißen: Hier ist der Wald, hier genieße ihn!

Wir weisen heute Wäldern drei Kernfunktionen zu: Der wirtschaftliche Nutzen ist nach wie vor der wohl wichtigste Parameter. Immerhin wachsen allein in Thüringen geschätzte 330 Millionen Bäume, die Jahr für Jahr um 5,8 Millionen Festmeter an Biomasse zulegen. Zudem messen wir der ökologischen Aufgabe des Waldes immer größeren Wert bei. Unbestreitbar ist er ein weltweiter Klimaregulator, bindet er doch in seiner Biomasse sehr effektiv das Treibhausgas Kohlenstoffdioxid und setzt dafür Sauerstoff frei. Nicht wenige betiteln den Wald deswegen als unsere grüne Lunge.

Schließlich sind die sozialen Funktionen der Erholung und die Nutzung als Freizeitraum zu nennen. Das Ganze in Geldwert zu fassen, ist eine Gleichung mit (zu) vielen Unbekannten. Dennoch versuchen dies Interessenverbände, indem sie die jährlich weltweit erbrachten Waldfunktionen auf rund fünf Milliarden US-Dollar taxieren. Das wäre immerhin etwa ein Viertel des weltweiten Bruttosozialprodukts.

Viele sprechen dem Wald Heilkräfte zu und reden gar von Dr. Wald. Dies mag übertrieben sein, aber jeder von uns kennt das wohltuende Gefühl, schon ein paar Meter vom Waldrand entfernt die Hektik des Alltags abfallen zu lassen. Jenseits der Reizüberflutungen des Alltags bietet der Wald Ruhe, die Sinne öffnen sich der Natur. Nicht umsonst liegen viele Bäder oder Kurorte in Waldgebieten. Es gibt Studien, laut denen Frischoperierte in Zimmern mit Waldblick schneller genesen als bei Stadtblick.

Die Talsperre Schmalwasser staut im Schmalwassergrund 21 Millionen Kubikmeter Wasser als Trinkwasserreservoir für die Thüringer Fernwasserversorgung auf.

Friedrichshöhe ist in beachtlicher Höhenlage am Rennsteig in dichte Wälder eingebettet. Die besondere landschaftliche Lage auf dem Waldkamm, gepaart mit großer Ruhe, ist ein Prädikat für Kenner.

Geologisch gesehen ist der Thüringer Wald eine Leistenscholle, die entlang von Störungen nach oben gedrückt wurde. Der starke Motor dieser Hebung liegt weit entfernt in den Alpen. Dieser Fernwirkung hat man sogar einen eigenen Namen gegeben: Saxonische Tektonik. Diese Hebung hatte sich über gut 80 Millionen Jahre hingezogen, angefangen von der Oberkreide vor rund 85 Millionen Jahren bis zum jüngeren Tertiär bis vor etwa 2,5 Millionen Jahren. Die Alpen sind das Ergebnis der Nord-Drift der Afrikanischen Platte, die auf die Eurasische Platte schrammt und zunehmend Druck auf die Erdkruste im heutigen Mitteleuropa ausübt. Im jetzigen Mittelgebirgsbereich entstanden in dieser Zeit Horst- und Grabenstrukturen. Andernorts war Vulkanismus Ausdruck der Kollateralschäden, etwa im Rauhen Kulm, dem Parkstein in der nördlichen Oberpfalz oder in der nahen Rhön im Westen. Im Bereich des Thüringer Mittelgebirges hatten diese Bruchschollen das gesamte Deckengebirge emporgehoben und der verstärkten Erosion ausgesetzt, sodass heute wieder der erodierte Grundstock des Variszischen Grundgebirges freiliegt.

Der Thüringer Wald ist eine prominente Wasserscheide für gleich drei dominante Fluss-Systeme. Am Rennsteig schöpft nicht nur die Werra (und damit die Weser) ihre

ersten Quellen, auch die Saale (und damit die Elbe) und der Main (und damit der Rhein) sind involviert. Ein eigener Dreistromstein bei Siegmundsburg markiert das Aufeinandertreffen der Einzugsgebiete aller drei Strombereiche. Die meisten Zubringer streben der Werra zu. Einige Flüsse werden über Talsperren noch zur Arbeit gezwungen, bevor sie den Thüringer Wald verlassen: Die Talsperre Schönbrunn ist mit 100 Hektar die größte. Hierfür hatten vor der Inbetriebnahme im Jahr 1977 22 Familien umgesiedelt werden müssen, auch ein alter Friedhof war umgebettet worden.

In unserer gefühlten Wahrnehmung ist der Thüringer Wald ein sicheres Schneeland. Die Querriegelwirkung gegen die vornehmliche Hauptwetterrichtung Europas beschert vergleichsweise hohe Niederschlagsmengen: Es können durchaus 1.300 Millimeter zusammenkommen. Das Thüringer Becken erhält demgegenüber oft kaum mehr als 500 Millimeter und zählt somit zu den niederschlagsärmsten Regionen ganz Deutschlands. Zudem darf man die Höhenlagen nicht vergessen, die im langjährigen Durchschnitt an die 150 Frosttage im Jahr vorhalten. Außerdem ist der Thüringer Wald eine Übergangszone zwischen dem atlantisch geprägten Seeklima Westeuropas und dem Kontinentalklima Osteuropas.

Der 861 Meter hohe Kickelhahn ist der Hausberg Ilmenaus. Spätestens Johann Wolfgang Goethe hat ihn landesweit bekannt gemacht. Heute verläuft denn auch ein Goethewanderweg über den Gipfel. Wahrscheinlich ist der Auerhahn der Namensgeber des Bergs: „Gickelhahn" ist die volkstümliche Bezeichnung für den Bodenvogel.

Thüringen gilt generell als Waldland, obwohl zwei Drittel des Landes nicht (mehr) bewaldet sind. Der Wald ganz Thüringens verteilt sich zu 40 Prozent auf den Staatswald, zu weiteren 40 Prozent auf den Privatwald sowie zu 20 Prozent auf Körperschaftswald bzw. Treuhandwald. Insgesamt gibt es 180.000 Waldeigentümer. Wald ist für unsere deutsche Seele immer noch etwas Besonderes. Hier wurzelt Kulturgut, nationale Identität, ja eine ganze germanische Seelenlandschaft. Schließlich kamen unsere Vorfahren als Holzfäller. Sie haben über Generationen hinweg Wald für Siedlungen gerodet. Nicht wenige Orte haben ein „-reut", „-richt", „-rhoda" oder gar „-walde" im Ortsnamen. Unsere gesamte Kultur scheint voll von Waldgeschichten zu sein: Bei Joseph Eichendorff ist der Wald der „Hallraum der Seele"; Caspar David Friedrich konnte nicht genug Einzelbäume auf seine Bilder bekommen; nicht zu vergessen das Märchen Hänsel und Gretel.

Heute hat unser Wald ein durchwegs positives Image, jedes Jahr machen wir uns in einem eigenen Bericht große politische Sorgen über dessen Zustand.

Der Nordwesten

Der Thüringer Wald, wie auch die anderen saxonisch herausgehobenen Mittelgebirge Mitteleuropas, weist an den Rändern Zechsteinablagerungen aus dem obersten Perm (vor etwa 250 Millionen Jahren) auf. Besondere Kennzeichen dieser Ablagerungen sind Bryozoen-Riffe, also Versteinerungen mikroskopisch kleiner, kolonienbildender Moostierchen, die heute noch mit rund 5.600 Arten vorkommen. Dieser Zechsteinsaum ist am Nordwestrand des Thüringer Waldes besonders breit. Hier finden sich die größten Zechstein-Riffe Deutschlands. Das Schloss Altenstein bei Schweina markiert heute diese geologische Besonderheit. Obwohl diese Bryozoen klein sind, können sie doch gewaltige Riffe aufbauen. Solche Erhebungen kennen wir alle als Korallenriffe. Typischerweise sind riffbildende Gewässer flache Schelfmeere.

Eine prominente Scholle der Störung ist die Eisenacher Mulde. Sie ist mit Variszidenmolasse aufgefüllt, also Erosionsmaterial aus dem ursprünglich turmhohen Variszischen Gebirge, das Himalaya-Dimensionen erreicht hatte und im Laufe der Jahrmillionen nahezu völlig erodiert worden war. Wie gewaltig diese Erosion war, lässt sich an der weitgehend monotonen Abfolge all dieser Konglomerate erkennen. Geologen sprechen in diesem Zusammenhang von einem alluvialen Fächer, also einem ehemaligen Schwemmfächer eines Flusssystems, in dem sich Sedimente zum Beispiel im Mündungsbereich ablagern können.

Die Wartburg liegt markant inmitten des Thüringer Waldes hoch über Eisenach. Sie zeigt sich als Inbegriff einer mittelalterlichen Burg. Seit 1999 ist sie UNSECO-Welterbe, stammt aber in ihrem heutigen Erscheinungsbild weitgehend aus dem 19. Jahrhundert. Hier lebte die ungarische Königstochter Elisabeth, hier fand 1521/22 Junker Jörg alias Martin Luther sein Versteck vor der Reichsacht und nutzte diese Zeit zur Übersetzung des Neuen Testaments in die deutsche Sprache. Hier fand 1817 das erste Wartburgfest der deutschen Studenten statt, die sich nach den erfolgreichen Befreiungskriegen gegen Napoleon um die von den deutschen Fürsten versprochenen Veränderungen gebracht sahen. Das zweite Wartburgfest im Kontext des Revolutionsjahres 1848 zielte dagegen vorallem auf universitäre Reformen ab. Die Burg wurde wie selbstverständlich zum nationalen Denkmal. Heute stürmen alljährlich unzählige Besucher die restaurierte Burg.

Ihren Namen leitet die Wartburg aus der Gründungssage ab, historisch geht er wohl auf eine frühe Warte zurück. Spätestens seit dem Bau des Palas ab Mitte des 12. Jahrhun-

derts hatte sie repräsentativen Charakter. Ahnherren waren die Ludowinger, die weit vor dem Jahr 1100 im Raum Eisenach eine kleine Rodungsherrschaft etabliert hatten. Natürlich gibt es eine hehre Gründungssage. Der Besitz der Wartburg war offenbar wichtig, um die Region zu beherrschen. Unter Landgraf Hermann I. erlebte die Wartburg eine literarische Hochzeit, die später als „Sängerkrieg", eine Sammlung mittelhochdeutscher Dichtungen, bezeichnet wurde. Bis Ende des 17. Jahrhunderts wurde sie als Amtssitz- und Landesfestung instand gehalten, später aus Finanzgründen nur noch notdürftig repariert. Ab 1838 begann das großherzogliche Haus Sachsen-Weimar-Eisenach mit der Erneuerung im historisierenden Stil. Dazu verwandte man hautsächlich ortsübliches Steinmaterial, griff aber auch auf Seeberger Sandstein vom Großen Seeberg aus der Nähe von Gotha zurück. Die Wartburg zog sehr schnell viele Besucher an, Hotels und Pensionen schossen aus dem Boden. Man sah sich bald gezwungen, das Erscheinungsbild der Wartburg zu schützen und nach heftigem, politischem Ringen mit Investoren eine

„Blaue Linie“ als Grenze der zulässigen Bebauung zu verordnen. Dieser Landschaftsschutz der Umgebung der Wartburg gilt bis heute.

Die Wartburg und andere Landgrafenburgen waren 17 Jahre lang die Heimat von Elisabeth von Thüringen (1207–1231). Die spätere Gemahlin des Landgrafen Ludwig IV. war diesem schon als Vierjährige zur Ehe versprochen worden. Daher kam Elisabeth bereits 1211 auf die Wartburg. Mit 14 heiratete sie schließlich Ludwig IV. (1200–1227), Landgraf von Thüringen und Pfalzgraf von Sachsen. Die glückliche Ehe währte jedoch nur sechs Jahre, da ihr Mann im Kreuzzug Friedrichs II. bereits vor seiner Einschiffung ins Heilige Land im Feldlager bei Otranto am Fieber starb. Elisabeth verstarb bereits mit 24 Jahren in Marburg. Trotz ihres kurzen Lebens wurde sie zum Sinnbild tätiger Nächstenliebe.

◀ Eisenach liegt am Rand des Thüringer Waldes und wird von Geografen wegen dieser Saumlage Pfortenstadt genannt. Mehrmals war es Residenzstadt, zunächst der Landgrafen von Thüringen, danach des Herzogs von Sachsen-Eisenach. Dadurch wurde Eisenach mehr und mehr zur Kulturstadt. Dieser Blütezeit entstammt das Stadtschloss am Markt. 1741 fiel das Herzogtum Sachsen-Eisenach an Sachsen-Weimar. Das Land hieß fortan Sachsen-Weimar-Eisenach. Es bestand aus zwei größeren, räumlich getrennten Gebieten um die beiden Hauptresidenzen Weimar und Eisenach. Der Großherzog von Sachsen-Weimar-Eisenach war es auch, der das heutige Erscheinungsbild der Wartburg und ihres Landschaftsparks schaffen ließ.
Eisenach ist die Geburtsstadt Johann Sebastian Bachs (1685–1750). Sein Vater Johann Ambrosius Bach (1645–1695) war der Leiter der Rats-Trompeterei. Soweit diese weitverzweigte Familie zurückverfolgt werden kann, waren die väterlichen Vorfahren fast alle Kantoren, Organisten oder Stadtpfeifer.

Das Automobilwerk Eisenach ist aus einem Volkeigenen Betrieb (VEB) hervorgegangen, der ab 1955 den legendären Wartburg produziert hatte. Seit 1991 produziert hier Opel und führt die Tradition der Autoindustrie in der Stadt fort.

◀ Das Burschenschaftsdenkmal hoch über Eisenach soll an im Deutsch-Französischen Krieg (1870/71) gefallene Burschenschafter erinnern, war aber auch ein überregionales Nationaldenkmal der Reichseinigung, die von der Jenaer Ur-Burschenschaft schon lange vorher (nämlich 1815) gefordert worden war.

So dominant die großen Waldflächen des Thüringer Waldes auch sind, immer wieder schieben sich Waldweiden dazwischen und verweisen auf die frühere Waldnutzung. ▸

Nach der Wende ist in den neuen Bundesländern ein wahrer Goldrausch für die Autobahnbauer ausgebrochen. Die wenigen Autobahnen waren meist zu Vorkriegszeiten angelegt worden und sind in einem entsprechend notdürftigen Zustand gewesen. Die A4 (Bild) ist heute die viertlängste Autobahn Deutschlands; sie führt von den Niederlanden bis nach Polen.

Die Waldwiesen zeigen im Abendlicht sehr eindrucksvoll, warum weite Flächen des Thüringer Waldes nicht gerodet wurden: Meist sind sie schlicht zu hügelig, um sie einer landwirtschaftlichen Nutzung zuzuführen. Das resultierende Waldmosaik tut nicht nur unserem Auge gut, es ist auch gut für einen nachhaltigen Naturschutz. ▸

Die Ruine Brandenburg markiert hoch über dem Werratal den schroffen Abfall des Waldriegels nach Norden. Die Doppelburg hatte den wichtigen hochmittelalterlichen Straßenzug im Werratal geschützt und Geleitschutz gegeben. Es war immer vom „Geleit der Brandenburg“ die Rede.

◂ Stellenweise darf die Werra noch mäandrieren und durch breite Wiesen fließen. Der 300 Kilometer lange Fluss wird später im Unterlauf zu einem der beiden Hauptquellflüsse der Weser. Am westlichen Ausläufer des Thüringer Waldes fungiert sie als Grenzfluss zwischen Hessen und Thüringen.

▴ Unterellen ist seit Jahrzehnten Forschungsobjekt der lokalen Sprachentwicklung, stellvertretend für Westthüringen. Die Einwohner wurden in diesem Zusammenhang regelmäßig befragt. Trauriges Ergebnis: Es ist ein dramatischer Rückgang der heimischen Dialektsprache festzustellen.

◀ Der Thüringer Wald franst, wo es das Gelände erlaubt, in landwirtschaftliche Nutzung aus. Man hat schon immer versucht, den Wald zu roden und Felder für eine alljährliche Nutzung anzulegen. Umso wichtiger ist daher die große, zusammenhängende „grüne Lunge“ des Thüringer Waldes.

◀ Das romanische Tympanum der Dorfkirche zeigt das enorme Alter Oberellens. Das Dorf war schon früh an einem Seitenast der großen Handelstraße entstanden. Aus dem Jahr 1014 hat eine Urkunde die Zeit überstanden.

▲ Schloss Wilhelmsthal am Wilhelmsthaler See bei Marksuhl war ein Jagd- und Lustschloss des Eisenacher Herzogs. Später war es dank des ältesten freistehenden Konzertsaals des Landes die Sommerbühne des Weimarer Hofes. Man kann ohne Übertreibung sagen, dass im Sommer von hier aus die Geschicke des Großherzogtums geleitet wurden.

Je weiter man in den Thüringer Wald hineinkommt, desto enger scheinen seine Waldtäler zu werden. Aus der Luft hat man den Eindruck, dass gerade noch Raum für einen Weg in der Talsohle verbleibt.

Gerade an den Rändern des Thüringer Waldes findet sich auch anderes als Nadelwald. Der Kahlschlag im Vordergrund erlaubt eine Neuaufstellung der Forstplanungen. ▸

Auch Laubholz kann vergleichsweise gerade wachsen, wenn man sich darum kümmert. Mischwald wird das Rezept der Zukunft in den Forstvisionen sein, ist er doch ökologisch stabiler als reine Monokulturen und wird dem Klimawandel mehr entgegensetzen können. ▸

Schwarzhausen hatte es bereits zu Zeiten Karls des Großen gegeben, sodass in den 1980er-Jahren ein großes Jubiläum gefeiert werden konnte. Der Ort schmiegt sich in die heute entwaldeten Ausläuferhügel des Thüringer Waldes.

Man sieht den Wiesen die Bodenwellen auch aus der Luft an, hier ist noch konventionelle Bewirtschaftung angesagt, hier hatten die riesigen LPG der DDR-Zeit keine Ausbreitungsmöglichkeiten. Kleinräumigkeit war und ist der enorme Vorteil.

◀ Thal im Wartburgkreis schmiegt sich förmlich um den Scharfenberg mit seiner Scharfenburg. Hier hatten sich 1253 erstmals Mönche niedergelassen und mit der Rodung des riesigen Thüringer Waldes angefangen.

◀ Wie am Südrand sind auch am Nordrand des Thüringer Waldes Randfelder kennzeichnend. Der große Wald scheint auszufransen und immer mehr zur Landwirtschaft überzugehen.

▲ Die Bergstadt Ruhla ist in ein sanftes Kerbtal eingebettet, das der kleine Bach Rolla geschaffen hat. Hier hatten spätestens im zehnten Jahrhundert Wanderschmiede gesiedelt, um das sporadisch vorhandene Eisenerz abzubauen und zu nutzen.

Der Große Inselsberg macht mit seinen 916 Metern Meereshöhe seinem Namen alle Ehre. Als markanter Waldberg ist er der höchste in der nordwestlichen Hälfte des Mittleren Thüringer Waldes. Er markierte wichtige historische Grenzverläufe am Rennsteig. Ein Funkturm, eine Jugendherberge und ein Aussichtsturm mit einem nahezu 360-Grad-Panorama krönen ihn heute. (siehe auch S. 16)

Brotterrode wurde 1895 nach einem verheerenden Brand planmäßig wieder aufgebaut. Das Städtchen wurde schnell zu einer beliebten Sommerfrische und einem vielbesuchten Wintersportort.

Das Kneipp-Heilbad Tabarz hat ein vielsagendes Wappen: Drei Tannen symbolisieren nicht nur den Ortsnamen (Tannenfurt = Furt im Tannenwald), sondern auch das grüne Herz Thüringens und nehmen zusätzlich Bezug auf den Inselsberg, das unübersehbare Wahrzeichen der Region. Das weit überregional Besondere an Tabarz dürfte der Struwwelpeter-Park mit dargestellten Situationen aus dem Kinderbuch sein, der auf die regelmäßige Sommerfrische des Autors Heinrich Hoffmann in Tabarz Bezug nimmt.

Die Inselsbergschanze bei Brotterode kann auf einen Schanzenrekord von 123,5 Metern verweisen. Mit einer Hillsize von 117 Metern entspricht sie den neuesten FIS-Normen. In ihrer ersten Form stammt sie aus den 1920er-Jahren und zählt damit zu den ältesten Anlagen Deutschlands.

Der zentrale Hochwaldkamm

Der Rennsteig ist überregional bekannt. Der Kammweg markiert den zentralen Hochwald und damit die Wasserscheide zwischen Werra/Weser, Saale/Elbe und Main/Rhein. Gleichzeitig markierte der Bergkamm im Hochmittelalter die Grenze des Herzogtums Franken zur Landgrafschaft Thüringen. Dieser „Rynnestig“ trennt heute noch den ostfränkischen und den thüringischen Sprachraum und damit Mittel- und Süddeutschland. Ein überregionaler Wanderweg folgt diesen alten Spuren. Erstmals genannt wurde er als „renniweg“ in Unterlagen des Klosters Fulda. Im Früh- und Hochmittelalter kann Rennen problemlos von schnellem Reiten abgeleitet werden. Im Mittelalter waren solche Rennwege oft auf Höhenzügen angelegt, auch als geheime Direktverbindungen für kleinere Reitertruppen und Boten mitten durch Wälder. Im Gegensatz zu vielbefahrbaren Heerstraßen war der Rennweg eher ein schmaler Lauf- oder Reitweg. Als Höhenweg war er zudem nicht so matschanfällig wie Talverbindungen.

Heute ist der Rennsteig ein rund 170 Kilometer langer Wanderweg, der meist den Kammlagen des Thüringer Waldes sowie des Thüringer Schiefergebirges und Frankenwaldes folgt. Mit jährlich 100.000 Wanderern ist er der meistbegangene Weitwanderweg Deutschlands. Sein Wegezeichen ist ein weißes R. Eine erste Rennsteigwanderung ist aus dem Jahr 1829 von Blankenstein nach Hörschel überliefert. Beide Orte waren als Beginn und Endpunkt des Rennsteiges verstanden worden: Der Topograf Julius von Plänckner (1791–1858) hatte dies im „Taschenbuch für Reisende durch den Thüringerwald“ beschrieben und so den Anstoß zur touristischen Nutzung des Rennsteiges geboten. Bald organisierte ein eigener Rennsteigverein jährlich um die Pfingstzeit eine Rennsteigwanderung in sechs Tagesetappen, die mit der großen „Runst“ sogar einen eigenen Namen hatte. Nach dem Zweiten Weltkrieg war erst einmal Schluss, da die innerdeutsche Grenze den Rennsteig sechsmal kreuzte. Erst 1990 gab es wieder eine Rennsteigwanderung.

Der Rennsteigtunnel ist mit knapp acht Kilometern der längste Straßentunnel Deutschlands. Im europäischen Vergleich ist es der viertlängste zweiröhrige Straßentunnel, aber zugleich der sicherste aller getesteten Tunnel überhaupt. Zudem ist er für Gefahrgut-Transporte aller Art gesperrt. Er wurde im Rahmen des Verkehrsprojekts Deutsche Einheit konzipiert und in knapp sechsjähriger Bauzeit für rund 200 Millionen Euro erbaut. Die westliche Röhre ist knapp 40 Meter länger, jede Röhre ist mit einer Lichtraumbreite von 9,5 Metern ausgeführt.

Der Rennsteiggarten rund um den Pfanntalskopf ist ein wichtiger botanischer Garten für ausgesuchte Bergflora am Rennsteig. Gegründet 1970 im Gelände des ehemaligen Steinbruchs, waren erste Anpflanzungen mit Material aus dem Botanischen Garten Jena erfolgt. Alljährlich wurden in viel gemeinnütziger Arbeit Flächen gestaltet und Wege angelegt. Bald kamen heimische Hochmoorpflanzen hinzu. Ein eigener Naturschutzgarten zeigt besonders geschützte Pflanzen der Region. Bis in den Herbst hinein zeigt sich die heimische Bergflora in ihrer ganzen Vielfalt. Seit den 1990er-Jahren besteht ein historischer Kohlenmeiler. Eine Köhlerhütte zeigt frühere Lebensschwerpunkte in der Waldregion.

Das Berghotel Ebertswiese liegt unmittelbar am Rennsteig auf einer breiten Rodungswiese. Das beliebte Wanderziel war wohl eine Zweckgründung am berühmten Handelsweg.

◂ Der Thüringer Wald ist vor allem eins: ein einzigartiges Naturerlebnis.

Man sieht an der Hauptstraße in Ober- und Unterschönau, wie sich Häuser in enge Täler zwängen müssen; viel Platz für breite Siedlungen bietet der hohe Thüringer Wald also nicht.

◂ Tambach-Dietharz ist seit einem Jahrhundert ein Doppelort auf einer hochgelegenen Rodungsinsel. Seine beiden Ortsteile reichen ins Hochmittelalter zurück. Ein Lutherbrunnen nimmt Bezug auf den Reformator *(Tambach, dem Orte, da ich gesegnet wurde, denn hier ist mein Phanuel, an dem mir Gott erschienen ist).*

Hin und wieder wird der Thüringer Wald in Steinbrüchen „geerntet“, wie beispielsweise im Diabaswerk Nesselgrund. Diabas war bereits in der Steinzeit ein begehrter Stein. Damals wurden Werkzeuge wie Äxte, Beile, Klingen, Bohrer oder Schaber daraus gemacht.

Zunehmend werden ruhige Waldlichtungen auch für den Bau von Hütten genutzt.

▲ Die Talsperre Schmalwasser ist seit 1998 in Betrieb, ihre Befüllung hatte sich über fünf Jahre hingezogen. Sie wurde zum Hochwasserschutz und zur Trinkwasserversorgung gebaut, Investorenpläne wollen sie jedoch zu einem Teil eines Pumpwasserwerks machen, um regenerativen Strom gewinnträchtig „veredeln" zu können.

◂ Der Falkenstein im Schmalwassergrund ist der auffallendste und zugleich bedeutendste Porphyr-Felsendorn im Thüringer Wald. Es ist kaum verwunderlich, dass er über nicht wenige Kletterwege unterschiedlichen Schwierigkeitsgrades erklommen werden kann.

▲ Oberhof konzentriert viele moderne Wintersportanlagen auf engstem Raum, wie beispielsweise die Skisport-Halle.

◀ Auch das ist Oberhof: Das alte Haus mitten im Wald wurde nicht mehr gebraucht und verfällt, während in unmittelbarer Nähe neue Gebäude hochgezogen werden, schließlich wollen vor allem im Winter viele Besucher ein Dach über dem Kopf.

Das „Treff Hotel Panorama Oberhof" liegt in 815 Metern Meereshöhe und bietet mit Hallenbad, Sauna, Fitnessraum, Wellnessabteilung und Eventhalle viele Sport- und Freizeitaktivitäten. ▶

Oberhof bietet international bedeutende Wintersportanlagen. Biathlon, Rennrodeln, Skilanglauf und die Nordische Kombination sind hier zuhause. Die Stadt mit knapp 17.000 Einwohnern lebt vom Tourismus. Sie beherbergt jährlich 130.000 Gäste und bringt es auf weit über 400.000 Übernachtungen im Jahr. Damit ist Oberhof einer der meistbesuchten Ferienorte im Thüringer Wald. Als anerkannter Luftkurort war Oberhof bereits um 1900 ein mondäner Wintersportort mit Bobbahn und Skisprungschanze. Seine große Blütezeit hatte der Tourismus hier während der DDR-Zeit, als große staatseigene Ferienheime entstanden. Allerdings waren zuvor Eigentümer von Hotels und Pensionen wegen angeblicher „Wirtschaftsverbrechen" entschädigungslos enteignet und vertrieben worden. Heute ist es ruhiger geworden, was die Attraktivität des Ortes für Besucher durchaus erhöht hat.

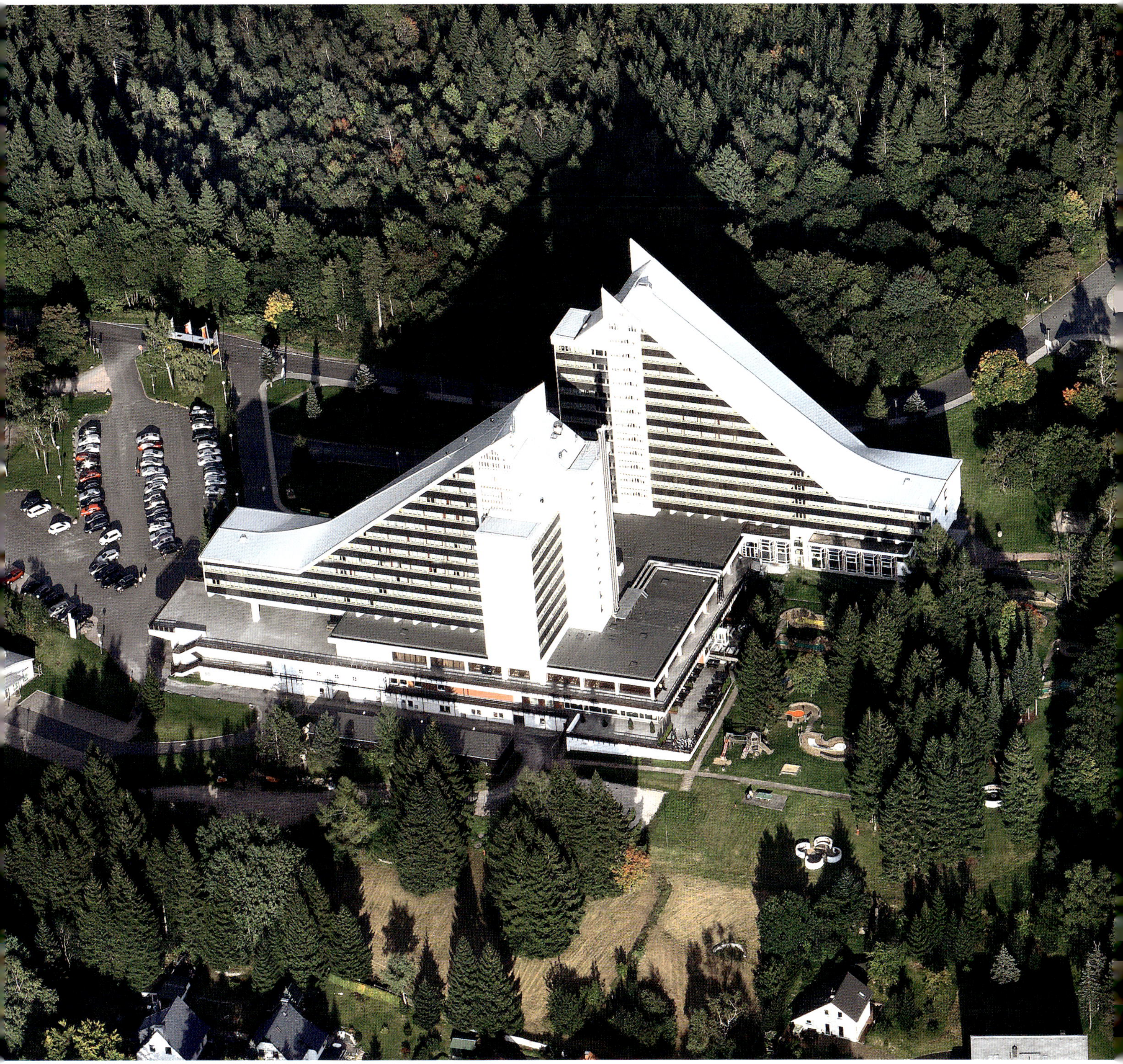

Schmiedefeld hat trotz spätmittelalterlicher Wurzeln bis auf die Kirche keine älteren Gebäude, da 1871 eine riesige Brandkatastrophe den gesamten historischen Ortskern eingeäschert hatte. Heute ist Schmiedefeld ein beliebter Höhenluftkurort.

Stützerbach hat durch Johann Wolfgang von Goethe literarische Bekanntheit erfahren. Man ist heute noch stolz, dass der Staatsminister des Großherzogtums Sachsen-Weimar-Eisenach dreizehnmal in Stützerbach geweilt hat.

Gehlberg ist ein Glasmacher-Ort. 1645 wurde die Glashütte gegründet. Mitte des 19. Jahrhunderts konnte man Tafelglas produzieren. Glasmachen war die wichtigste Arbeit im Ort. Erst 1990 endete diese Tradition.

Der Schneekopf ist die zweithöchste Erhebung des Thüringer Waldes. Der Vulkanberg ist seit 1946 nach starken Windbruchschäden baumfrei. Zu DDR-Zeiten war der Berggipfel militärisches Sperrgebiet.

Das 916 Meter hoch gelegene Waldhotel Schmücke zählt zu den traditionsreichsten Gasthäusern Thüringens. Das höchstgelegene Gasthaus auf dem Rennsteig bietet einfach ausgestattete Herbergszimmer und herzhaftes Essen.

▲
Die Wetterstation Schmücke erfasst Tag für Tag Wetterdaten und speist sie in das deutschlandweite Wetterdatennetz ein.

Auch das gibt es im Thüringer Wald: Eine einfache Aussichtsplattform, die einen Blick über die Baumkronen hinweg und einen großen Überblick erlaubt. Im Wald wandern ist eine Sache, drüber hinaussehen eine andere! ▼

◀ Man kann ihn auch aus der Luft ausmachen, den legendären Rennsteig. Mit seiner langen Vergangenheit ist er heute der älteste und mit jährlich 100.000 Wanderern der unbestritten meistbegangene Weitwanderweg Deutschlands.

Frauenwald inmitten einer Rodungsschneise ist heute ein Erholungsort am Rennsteig und alljährlich Austragungsort eines der wohl größten deutschen Rennen reinrassiger Schlittenhunde. Deutsche, europäische und Weltmeisterschaften wurden hier schon ermittelt.

◀ Zella-Mehlis ist seit 1919 ein Doppelort am nahen Rennsteig. Hier wird hennebergisch, eine mainfränkische Mundart, gesprochen, hier liegt die Sprachgrenze zwischen dem Thüringischen und dem Fränkischen, in der Sprachgeografie damit die natürliche Grenze zwischen Mittel- und Süddeutschland. Zella St. Blasii (also Klosterzelle des Heiligen Blasius) war bis zur Reformation dem Kloster Reinhardsbrunn unterstellt. Mehlis war über die Jahrhunderte zweigeteilt: Ein Teil gehörte den wettinischen Landgrafen von Thüringen, der andere dem hennebergischen/sächsischen Amt Hallenberg, später nach Sachsen-Gotha.

Auch wenn der Thüringer Wald von angenehm weiten Wäldern geprägt ist, finden sich doch immer wieder Lichtungen, die vor allem aus der Luft betrachtet eine wohltuende Assoziation von Abgelegenheit und Einsamkeit generieren können.

Der 867 Meter hohe Bleßberg liegt am Rennsteig. Seit Mitte der 1970er-Jahre ist der 195 Meter hohe Sender Bleßberg installiert, dessen Spitze den Bleßberg mit nunmehr rund 1.062 Metern Meereshöhe zum unbestritten höchsten Punkt Thüringens macht.

◂ Der Thüringer Wald ist von einem weiten Wegenetz durchzogen. Er ist ein Wirtschaftswald, der eine gute Zugänglichkeit benötigt. Gerodet wird nach alter Forsttradition, aber nachhaltig: Nur was Jahr für Jahr nachwächst, wird geerntet.

◂ Das Berghotel Stutenhaus liegt in der Nähe von Suhl. Es ist ein beliebter Ausgangspunkt für Wanderungen, an abwechslungsvollen Wanderwegen gibt es keinen Mangel.

▴ Man sieht dem Waldhotel Rennsteighöhe die DDR-Vergangenheit nicht mehr an, einzig das Bunkermuseum erlaubt eine Zeitreise: Während des Kalten Krieges erbaut, verfügte der Leitbunker über modernste Nachrichtentechnik und sogar eigene Stromversorgung.

Das langgestreckte Schönbrunn wurde erst 1950 aus mehreren, sehr alten Ortsteilen geformt, der älteste reicht bis ins Jahr 1332 zurück. Hier hatte sich bis 1933 die Staatsgrenze zwischen dem Herzogtum Sachsen-Meiningen und Preußen befunden.

An den Rändern des Thüringer Waldes werden die Täler breiter und konnten daher schon lange landwirtschaftlich genutzt werden. Nahezu jedes größere Tal ist von einer Straße durchzogen, jede Geländemöglichkeit ist seit alters ausgenutzt.

Die Talsperre Schönbrunn staut seit 1977 den Fluss Schleuse, der es insgesamt auf 34 Kilometer Länge bringt. Die Talsperre ist an die Thüringer Fernwasserversorgung angeschlossen. Für den Bau hatten die Orte Unter- und Obergabel sowie die Tannenmühle der Gemeinde Schönbrunn umgesiedelt werden müssen.

Die 33 Meter hohe Rennsteigwarte ist ein beliebter Aussichtsturm direkt am Rennsteig mit einem enormen Rundumblick über viele Kilometer hinweg. Zwei Vorgängertürme waren durch Sturm oder Blitzschlag vernichtet worden; der jetzige Turm mit seinen beiden Glasflächen übers Eck war nach der Wende weiter ertüchtigt worden und erfreut sich großer Beliebtheit.

Neustadt am Rennsteig ist eine alte Bergmannssiedlung aus dem Mittelalter, die später wieder aufgegeben worden zu sein scheint. Mit 805 Metern über dem Meeresspiegel gehört Neustadt zu den höchstgelegenen Orten ganz Thüringens. Der heutige Ort mit seinen knapp 1.000 Einwohnern geht auf die Gründung einer Glashütte im Jahr 1698 zurück, um die herum sich zu beiden Seiten des Rennsteigs Holzfäller und Köhler angesiedelt hatten.

Bis 1920 war Neustadt zweigeteilt. Der nördliche Teil gehörte zum Fürstentum Schwarzburg-Sondershausen, der südliche zum Herzogtum Sachsen-Meiningen. Es gab daher zwei Schulen, zwei Kirchen und zwei freiwillige Feuerwehren. Im 19. Jahrhundert war Neustadt wegen seiner Zündholzwerke berühmt, bevor die damalige Berliner Politik das Monopol für 50 Jahre an einen schwedischen Industriellen verhökert hat.

Das Rennsteighotel „Kammweg“ in Neustadt ist eine vergleichsweise junge Einrichtung aus dem Jahr 2000, die mit einem enormen Panoramablick und einer ruhigen Lage wirbt.

Altenfeld liegt an der fließend-geologischen Grenze zum Thüringer Schiefergebirge. Hier konnten noch zu DDR-Zeiten älteste Spuren des Lebens in Form von versteinertem pflanzlichen Plankton aus dem Präkambrium nachgewiesen werden.

Masserberg ist aus einer Waldarbeitersiedlung der Schwarzburger Grafen hervorgegangen. Heute ist der Ort ein heilklimatischer Kurort mit gut 600 Einwohnern. Die schiefergedeckte Bergkirche stammt aus dem Jahr 1887, das imposante Badehaus aus den 1990er-Jahren.

Ein einsames Waldhaus, der Thüringer Wald kann es bieten. Geringe Bevölkerungsdichten erlauben ein Alleinsein, das ansonsten nur in Skandinavien oder Kanada mit viel Reiseaufwand gefunden werden kann.

Der 170 Kilometer lange Kammweg des Rennsteigs war ein wichtiger Handelsweg des Mittelalters. Dieser schmale Weg *Rynnestig* grenzte das Herzogtum Franken von der Landgrafschaft Thüringen ab.

Neuhaus am Rennweg war die höchstgelegene und kleinste Kreisstadt der DDR. Dass zu dieser Zeit kräftig gebaut worden war, ist an der Architektur nicht zu übersehen. Der VEB Mikroelektronik Neuhaus hatte zeitweise bis zu 3.000 Mitarbeiter. Die Kleinstadt trat 1366 erstmals in einem schwarzburgischen Amtsbuch in Erscheinung. Gut zweihundert Jahre später lebte man von der Köhlerei, den Glashüttenbetrieben sowie offenbar von der Pferdezucht.

Heutzutage werden weniger Kahlschläge vorgenommen, auch um mittelfristig bessere Altersstrukturen zu erhalten. Der Wald regeneriert sich immer wieder erstaunlich schnell.

Manche Lichtung erscheint fast wie im Bilderbuch. Ein Waldweg erweitert sich, die Bäume treten zurück, eine kleine Wiese tut sich auf.

◂ Im Thüringer Wald kann der Schatten endlos scheinen, so groß sind die Waldflächen. Die tiefstehende Sonne bringt Tiefe in die Fläche, erst dann kann man die Weite des Waldes richtig erahnen.

Am Verlauf der Waldwege kann man aus der Luft die Geländelage am Boden abschätzen. Wirtschaftswald braucht Zufahrtswege, um Erntemaschinen Zugang zu verschaffen und geschlagenes Holz problemlos abtransportieren zu können.

◂ Zwar leben vergleichsweise wenige Menschen im Thüringer Wald, elektrischer Strom wird aber entweder über dieses Mittelgebirge hinweggereicht oder über Pumpwasserwerke erzeugt. Umspannwerke sind die untrüglichen Botschafter dafür.

◂ Lichte ist eine kleine Gemeinde am Rennsteig. Sie besteht seit 1952 aus mehreren zusammengewachsenen Taldörfern. Das Wappen von Lichte greift ein altes Siegelmotiv auf und verweist auf die jahrhundertelange Tradition der Porzellanherstellung im Tal.

Steinheid war früher ein Bergbau- und Glasmacherort, heute bringen die Touristen das nötige Einkommen. Die Höhenlage, die Schneesicherheit und vor allem die Abgelegenheit sind das, was Urlauber suchen und hier finden.

◂ Wie hier in Schleusingerneundorf stellt man sich Siedlungen im Thüringer Wald vor: Wenige Häuser schmiegen sich in einem Tal an einen Waldrand. Der Wald scheint das Auskommen zu geben, der Wald hat den Raum, man schmiegt sich an ihn an.

Das schmale Steinachtal bietet Rückzugsfläche und Ruhe in der Freizeit. Solche Idyllen geben sich oft nur aus der Vogelschau preis und das ist durchaus so gewollt.

Das Thüringische Schiefergebirge

Landläufig werden der Thüringer Wald und das Thüringer Schiefergebirge zusammengeworfen, obwohl Letzteres eine eigene Region ist. Besonders im touristischen Zusammenhang wird aber meist synonym der bekanntere Begriff Thüringer Wald verwandt. Genau genommen schließt sich aber das Thüringer Schiefergebirge als naturräumliche Einheit östlich an den Thüringer Wald an und reicht bis zum oberen Saaletal. Der Rennsteig macht auf der Kammlinie keinen Unterschied und verläuft auch über das Schiefergebirge. Der höchste Berg ist der Große Farmdenkopf (868,7 Meter) unweit des Übergangs zum Thüringer Wald. Der Hauptkamm mit seiner Hochflächenregion wird gängigerweise als das eigentliche Thüringer Schiefergebirge angesehen. Geologisch ist der Hauptkamm, also das Thüringer Schiefergebirge, auf die südwestliche Hälfte des Schwarzburger Sattels beschränkt. Der Untergrund besteht, wie der Name schon vermuten lässt, größtenteils aus Schiefergesteinen, nämlich Tonschiefer. In Lehesten hatte es den umfangreichsten Tagebau gegeben. Das dortige Schiefer-Besucherbergwerk gibt authentisches Zeugnis von dieser vergangenen Zeit.

Das Thüringer Schiefergebirge hat weiche Kanten, das heißt, es geht fast überall allmählich in benachbarte Regionen über. Nur am Südwestrand ist dies nicht der Fall, hier schneidet die Fränkische Linie scharf vom triassischen Vorland ab. Diese nahezu geradlinige geologische Verwerfungslinie reicht oft bis in eine Tiefe von über 30 Kilometer. Sie führt von der Oberpfalz (Weiden) über Oberfranken bis hierher. Auslöser dieser Verwerfung war die ferne Alpenbildung.

Die Kleinstadt Steinach liegt an der Nahtstelle des Thüringer Schiefergebirges zum Frankenwald. Früher lebte man von Eisenerz- und Schieferabbau, heute verkauft man Erholung und Ruhe.

In Tröbach siedelten sich Firmen mit erheblichem Platzbedarf an. ▸

Haselbach ist eine vergleichsweise junge Siedlung. Erst 1601 liegt eine erste urkundliche Nennung vor. Das eigentliche Dorf war im 18. Jahrhundert entstanden. Griffelschiefer und Glas wurden zur vornehmlichen Einkommensquelle des Ortes.

◂ Holzernten wollen wirtschaftlich durchführbar sein, Waldwege sind die unabdingbare Voraussetzung dafür. Wirtschaftswälder sind daher immer von einem engen Wegenetz durchzogen, das auch für Freizeitzwecke genutzt wird.

Die Triniushütte in Rauenstein stammt in ihren Anfängen aus den 1930er-Jahren, als der damalige Verschönerungsverein ein Blockhaus errichtete. In den 1970er-Jahren war ein Neubau gefolgt, der 2014 nochmals einer Runderneuerung unterzogen wurde.

Die neue ICE-Verbindung Nürnberg–Erfurt scheint fast nur untertunnelt zu verlaufen. Das „Verkehrsprojekt Deutsche Einheit Nr. 8“ war daher 1999 zeitweise von der rot-grünen Bundesregierung wegen der hohen Kosten gestoppt worden. Die Inbetriebnahme wurde mehrfach verschoben.

Wie kleine Schneisen ziehen sich die Wege durch den Thüringer Wald. So könnte auch der legendäre Höhenweg des Rennsteigs im Mittelalter ausgesehen haben, der als Handels- und Reitweg mit der althochdeutschen Bezeichnung „renniweg“ überliefert ist.

Friedrichshöhe sieht man den Rodungscharakter der Siedlung noch bestens an. Hier hatten sich Glasmacher niedergelassen und rund um ihre Glashütte das Holz verbraucht. Heute kann der Ort seine absolut ruhige Lage ausspielen und beste Voraussetzungen für einen erholsamen Aufenthalt versprechen.

◂ Die Talsperre Goldisthal. Das zugehörige Pumpspeicherwerk ist seit 2003 in Betrieb. Mit einer Leistung von 1.060 Megawatt gilt es nicht nur als das größte Wasserkraftwerk Deutschlands, sondern sogar als eines der größten Europas.

Oberlauscha ist rund um die Oberlandstraße und den Berg Köpplein gebaut, der Ortskern reiht sich um den Hüttenplatz (*dos Duurf*). Zusammen mit Unterlauscha ist es Teil des Glasbläserstädtchens Lauscha.

Als ob ein Maulwurf zielstrebig am Werk gewesen wäre, zieht sich die ICE-Neubaustrecke Nürnberg–Erfurt mitten durch den Thüringer Wald. Ab Dezember 2017 sollen hier fahrplanmäßig ICE durchfahren.

Solche Refugien bieten Ruhe und Abgeschiedenheit.

◂ Auch die alten Bahnführungen waren aufwendig, viele Brücken und enge Kurvenradien mussten die für Verkehrsführungen ungünstige Morphologie überwinden (wie hier südlich von Lauscha).

Laubwald und Nadelwald wechseln sich ab.

◂ Kleine Wieseninseln in einem Waldmeer – der Vergleich hinkt durchaus nicht. Solche Rodungsinseln werden wahrscheinlich schon seit Jahrhunderten gehütet; sie scheinen wichtig, sonst würde man nicht auf das Wachstum von Bäumen auf diesen Flächen verzichten.

◂ Sonneberg markiert den Südrand des Thüringer Schiefergebirges. Die Stadt ist eigentlich fränkisch geprägt und bildet mit der bayerischen Partnerstadt Neustadt bei Coburg fast eine zusammenhängende urbane Einheit. Dabei war der Eiserne Vorhang 40 Jahre lange eine unüberwindbare Barriere. Um das Jahr 1900 war Sonneberg Weltspielwarenstadt. Rund 20 Prozent aller auf dem Weltmarkt gehandelten Spielwaren stammten aus dem Raum Sonneberg. Sonneberg gilt als fränkische Wehrsiedlung am Rande des Thüringer Reiches, bevor dieses von den Franken in die Knie gezwungen wurde. Es gehörte denn auch von alters her zum Bistum Würzburg, bevor 1526 die Reformation Einzug hielt.

Die Sternwarte in Sonneberg war in den 1920er-Jahren mit Unterstützung der Carl-Zeiss-Stiftung gebaut worden und hatte damals den Ruf der „höchsten Sternwarte Deutschlands". Hier läuft seit 1926 die „Sonneberger Himmelsüberwachung", die den gesamten nördlichen Sternenhimmel mittels der Astrofotografie dokumentiert.

◂ Viele Orte, wie hier Sonneberg, haben fleißig gepflegte Gartensiedlungen; hier hatte man, speziell zu DDR-Zeiten, Rückzugsflächen, hier konnte man selbst etwas anbauen.

Die Nordabflachung

Der Thüringer Wald wird im Norden vom Thüringer Becken mit seinen Randplatten begrenzt. Die Waltershäuser Vorberge sind ein schmaler, nur 25 Kilometer langer Höhenrücken, der im Norden von Waltershausen, im Südosten von Georgenthal und im Süden von Tabarz und Friedrichroda begrenzt wird. Geologisch handelt es sich um Buntsandstein-Schichten, die meist mit Nadelwald bewachsen sind. Die Bäche und Flüsse haben meist ein großes Gefälle, weshalb die ursprüngliche Buntsandsteinplatte von steilen und tiefen Tälern zerfurcht ist.

Nahe Ilmenau ist die neue ICE-Strecke Nürnberg–Erfurt nicht zu übersehen, das Verkehrsprojekt Deutsche Einheit Nr. 8, das 1996 begonnen wurde. Schon die gewaltigen Brückenbauwerke signalisieren hohe Baukosten, weswegen 1999 ein Baustopp verhängt worden war. Allein die Ilmtal-Brücke ist 1.681 Meter lang, was sie zur längsten Brücke Thüringens macht (Kosten: 30 Millionen Euro). Der Tunnel Silberberg mit 7.391 Metern Länge und der Tunnel Bleßberg (8.314 Meter) waren bauzeitbestimmend für die gesamte Strecke. Hier waren als Maßnahme gegen den Tunnelknall zusätzliche Portalbauwerke notwendig. All die langen Tunnel und 29 Talbrücken brachten zahlreiche Kritiker auf den Plan. Für 2017 ist die Inbetriebnahme vorgesehen.

Die Thüringerwaldbahn ist eigentlich eine Überlandstraßenbahn, Linie 4 der Straßenbahn Gotha, die von Gotha aus den Nordrand des Thüringer Waldes bedient. Die Fahrzeit der Gesamtstrecke mit 22 Stationen dauert etwa eine Stunde. Der erste Spatenstich war 1914, die Inbetriebnahme erfolgte 1929, als es die Landesregierung des initiierenden Herzogtums Sachsen-Coburg und Gotha schon längst nicht mehr gab. Insgesamt standen zehn Triebwagen, sieben Beiwagen und ein Gepäckwagen zur Verfügung. Die Bahn erfreute sich sogleich großer Beliebtheit, sodass es bis zu 22 tägliche Fahrten gab.

Schloss Tenneberg ist aus einer mittelalterlichen Burganlage der Thüringer Landgrafen hervorgegangen und diente lange als Jagdschloss und Nebenresidenz der Gothaer Herzöge. Seit den 1920er-Jahren beherbergt es ein Museum.

Die Salzmannschule in Schnepfenthal/Waltershausen ist von Christian Gotthilf Salzmann (1744–1811) als Erziehungsanstalt für Philanthropismus gegründet worden. Der Gründungsname lautete: „Philanthropin Schnepfenthal". Heute ist sie ein Spezialgymnasium für Sprachen. ▸

Waltershausen besitzt mit einem waagerechten Fisch im Wappenschild inmitten dreier Tannen seit gotischen Zeiten ein interessantes Ortswappen. Hier kreuzte die alte Salzstraße von Bad Salzungen nach Erfurt und von Eisenach nach Saalfeld.

Eine Öko-Insel inmitten von Feldern. ▸

Friedrichroda hat seine Ursprünge in der komplexen Bergbaulandschaft am Nordrand des Thüringer Waldes. Die Quellbäche im Ortsbereich lieferten die Energie für Hammerwerke und Mühlen. Neben dem Bergbau waren die Waldnutzung, Weberei, Färberei und Bleicherei Einnahmequellen. Im 19. Jahrhundert wurde Friedrichroda heilklimatischer Kurort. Bald prägten gründerzeitliche Bauten und Kurpensionen das Stadtbild. Friedrichroda war zu DDR-Zeiten eines der beliebtesten Ferienziele und galt als zweitgrößter Erholungsort des gesamten Landes.

◂ Schloss Reinhardsbrunn ist 1827 auf den Grundmauern des Hausklosters der Landgrafen von Thüringen errichtet worden. In seinem Landschaftspark waren sich die britische Königin Victoria und Albert von Sachsen-Coburg und Gotha begegnet, bevor sie später ein Paar wurden.

Gräfenhain ist eine hochmittelalterliche Rodungssiedlung, die bis zur Reformation dem Kloster Georgenthal gehört hatte. Die Ortskirche St. Trinitatis stammt aus protestantischen Zeiten. 1727 hatte der Gothaer Herzog persönlich den Grundstein gelegt.

◂ Burg Ohrdruf ist ein repräsentatives Bauwerk aus den 1930er-Jahren, das sich ein Bleifarben-Fabrikbesitzer geleistet hatte. Heute dient es als Tagungshotel und Restaurant. Im Handbuch der Deutschen Kunstdenkmäler firmiert das Haus nach seinem Bauherrn als „Haus Mühlberg".

Das Städtchen Ohrdruf ist überregional hauptsächlich als der Wohnort Johann Sebastian Bachs (1685–1750) bekannt geworden. Der Ortsname bezieht sich auf das Flüsschen Ohra, das „-druf" leitet sich durch Akzentverschiebung von „-dorf" ab.

◂ Schloss Ehrenstein war in den 1970er-Jahren nach der Nutzung durch die sowjetische Armee schnell zur Ruine geworden und musste vor dem Abriss bewahrt werden. Heute zeigt sich das Schloss gut restauriert, obwohl ein verheerender Dachstuhlbrand im Jahr 2013 fast das Ende bedeutet hätte.

◂ Die Nordabflachung des Thüringer Waldes geht nahtlos in die weite Ebene des Thüringer Beckens über, die heute durchaus im Randbereich auch extensiv für Schafbeweidungen genutzt wird.

Crawinkel hat viele Katastrophen überstehen müssen, so eine verheerende Feuersbrunst im Dreißigjährigen Krieg, der 113 Wohngebäude und 116 Scheunen zum Opfer fielen, oder massive Zerstörungen in den letzten Kriegstagen 1945. Crawinkel hat sich immer wieder hervorragend erholt.

◂ Am Rande des unmittelbaren Thüringer Waldes dominieren große landwirtschaftliche Flächen, die nicht nur für Getreideanbau genutzt werden.

Manebach an der Ilm ist heute ein Ortsteil von Ilmenau. Obwohl gegen Ende der 1990er-Jahre die Rennsteigbahn geschlossen wurde, verkehrt heute wieder das Rennsteig-Shuttle und verbindet den Bahnhof Rennsteig mit Erfurt.

◂ Die Burgruine Liebenstein oberhalb des gleichnamigen Ortes im Tal der Gera wurde von den Herren von Käfernburg-Schwarzburg im 13. Jahrhundert angelegt. Im 19. Jahrhundert schließlich gab man die wehrhafte Burg zum Abbruch frei.

Das obere Ilmtal ist ein einsames Tal mit zunehmend engem Zuschnitt. Hier geruhte Johann Wolfgang von Goethe zu dichten: „*Wenn der Ilme Bach bescheiden / Schlängelnd still im Tale fließt / Überdeckt von Zweig und Weiden / Halb versteckt sich weiter gießt, …*“

Die vielen monumentalen Brücken der ICE-Neubaustrecke Nürnberg–Erfurt sind fertig, bald fahren auch die Züge. Die Reisezeit zwischen beiden Orten ist dann nur mehr mit 80 Minuten angesetzt.

Je weiter man in den Thüringer Wald kommt, desto ausladender scheinen die Autobahnbrücken zu werden, schließlich sind immer tiefere Täler zu überwinden.

◂ Nicht ganz so oft wie die neue ICE-Strecke verschwinden Autobahnen in einem Tunnel – wie hier in der Talbrücke des Schwarzbachtals.

Die Ehrenburg ist eine massive Höhenburg mitten in Plaue. Sie war schon lange Jahrhunderte eine Ruine, bevor sie 1913 restauriert und in Teilen wiederaufgebaut wurde. Statt der alten Ritterküche hatte man gastronomische Einrichtungen eingebaut, die noch heute genutzt werden.

◂ Heckenbewachsene Feldraine weisen oft auf eine eher extensive Bewirtschaftung hin. Solche Kleinräumigkeit konnte, wenn auch selten, über die Jahrzehnte erhalten werden.

◂ Schloss Elgersburg war vor einem runden Jahrtausend als Schutz- und Trutzburg erbaut worden. Der heutige Zustand geht auf das Jahr 1905 zurück, als ein aufwendiger Umbau zum repräsentativen Schloss erfolgt war.

In Geschwenda war 1743 der gerade neu erbaute Kirchturm auf die benachbarte Schule gestürzt und hatte diese zerstört. Beide wurden wieder aufgebaut und weiterentwickelt.

◂ Gräfenroda erinnert mit einem Gartenzwerg-Museum an die erste industrielle Fertigung von Gartenzwergen im Ort. 1872 hatten hier zwei Unternehmen damit begonnen und deutschlandweit den offenbar enormen Bedarf an Gartenzwergen gedeckt.

◂ Die Goetheschule in Ilmenau ist aus einer 1903 gegründeten Realschule hervorgegangen. Der jetzige Standort am Waldrand im noblen Ilmenauer Kurviertel geht auf das Jahr 1922 zurück.

Man sieht den Autobahnen am Nordrand des Thüringer Waldes an, dass sie erst kürzlich gebaut wurden. Wo immer es geht, wie hier an der A71, scheint man sich zu weitgespannten Brückenbauwerken entschlossen zu haben.

◂ Ilmenau am Nordrand des Thüringer Waldes war zu Goethes Zeiten ein beliebtes Ausflugs- und Urlaubsziel der Weimarer Prominenz. In Ilmenau hat man mitgezählt: Johann Wolfgang von Goethe (1749–1832) war 28 Mal in der Stadt, letztmalig 1813, als er hier seinen Geburtstag feierte. Ilmenau gehörte zum Herzogtum Sachsen-Weimar, dessen erster Minister Goethe war. 1768 hatte er eine Reform des Steuerwesens in der Stadt vorangebracht, nachdem es zur „Ilmenauer Empörung" wegen Korruption und Misswirtschaft gekommen war. Goethe nutzte Ilmenau aber auch, um sich abseits seiner Dienstaufgaben dem Schreiben widmen zu können. Das Goethehäuschen auf dem Kickelhahn erinnert daran. Hier hatte er 1779 seine „Iphigenie auf Tauris" beendet. Sein Gedicht „Ilmenau" beehrt die Stadt in 191 Versen.

Schwarzburg liegt weit draußen in der Nordabdachung des Thüringer Waldes. Schloss Schwarzburg war lange der Stammsitz der gleichnamigen Grafen, die 1710 in den Reichsfürstenstand erhoben worden waren. Mit der Abdankung des letzten regierenden Fürsten war das Schloss an das Land Thüringen gefallen. 1919 unterzeichnete Reichspräsident Friedrich Ebert während seines Urlaubs in Schwarzburg die Weimarer Verfassung.

Großbreitenbach wurde im Spätmittelalter in der Nähe des gleichnamigen Baches in breiter Fläche besiedelt. Ortsnamen vermitteln durchaus noch Jahrhunderte danach verständliche Botschaften.

Morgennebel füllt leicht die auslaufenden Täler des Thüringer Waldes, den die Morgensonne jedoch meist schnell auflösen kann.

Böhlen hatte Mitte des 19. Jahrhunderts mehrere Auswanderungswellen zu verkraften: Allein im Sommer 1851 verließen 155 Personen (13,6 Prozent der Dorfbevölkerung) den Ort Richtung Amerika. Der Kontinent saugte damals über weltweite Werbung förmlich die jungen Talente anderer Gesellschaften ab – mit negativen Folgen für das damalige Deutschland.

◂ Der nur gut sieben Kilometer lange Breitenbach bildete in der Vergangenheit mit fast seiner gesamten Länge die Grenze zwischen zwei Fürstentümern. Er mündet in Schwarzmühle in die Schwarza.

Der wohl berühmteste Sohn Oberweißbachs ist Friedrich Fröbel (1782–1852), ein Schüler Pestalozzis. Sein Geburtshaus ist heute Museum. Fröbel gilt als konzeptioneller Begründer des Kindergartens, der die damals existierenden Kinderbewahranstalten ersetzten sollte.

◂ Deesbach in den Ausläufern des Thüringer Waldes besitzt mit rund 25 Prozent Gefälle die steilste Straße Deutschlands. Aus diesem Grund findet hier alljährlich ein Klapprad-Bergrennen statt.

Die Talsperre Leibis ist eine Trinkwassersperre mit 620.000 Kubikmetern Fassungsvermögen. Mit ihrer Flutung war im Februar 2005 begonnen worden. Die Erbauer mussten insgesamt 33 ökologische Ersatzmaßnahmen versprechen, um entstandene Beeinträchtigungen zu kompensieren.

Die Südabflachung

Der Thüringer Wald ist nach Südwesten von Buntsandstein-Bergländern gekennzeichnet. Diese geologische Schicht ist in einem Zeitraum vor 251 bis 243 Millionen Jahren entstanden. Kennzeichnend für die Gesteine sind kontinentale Ablagerungen aus roten Konglomeraten von Sand- und Tonsteinen. Diese geologische Schichtung ist nicht selten in Deutschland, ihre leichte Spaltbarkeit machte den Stein zum beliebten Baumaterial: Das Freiburger und das Straßburger Münster, das Heidelberger Schloss und das Schloss Johannisburg in Aschaffenburg sind prominente Beispiele.

Folgt man der geologischen Einteilung, liegt Schmalkalden knapp außerhalb des Thüringer Waldes. Mit dem Schmalkaldischen Krieg (1546/1547) hielt der Ort dauerhaft in die Geschichtsbücher Einzug. Hier waren zum ersten Mal die katholische Reichsgewalt und die protestantischen Fürsten militärisch aneinander geraten. Der Schmalkaldische Bund war 1531 als Verteidigungsbündnis protestantischer Fürsten und Städte gegen Kaiser Karl V. entstanden. Dieser war im Reich keineswegs unumstritten, denn er stammte aus Flandern und seine Sprachkenntnisse in Latein, Spanisch und Deutsch waren nur mäßig. Zudem waren seine finanziellen und militärischen Kräfte durch den Türkeneinfall vor Wien gebunden. Die Reichsstände des Schmalkaldischen Bundes nutzten dies anfangs geschickt aus, brauchte der Kaiser doch ihre Zustimmung für die immensen Zusatzsteuern. Es sah also gut aus für die religiöse Protestbewegung, wenn da die internen Probleme nicht zunehmend den protestantischen Bund gelähmt hätten. Im Schmalkaldischen Krieg kulminierte der jahrelange Streit. Die protestantische Seite brach einen Präventivkrieg vom Zaun. Der (spanische) Kaiser antwortete reflexartig mit der Verhängung der Reichsacht und spielte zunächst auf Zeit, da er kein stehendes Heer zur Verfügung hatte. Die Zeit spielte ihm in die Hände, bis er es im April 1547 zur Entscheidungsschlacht kommen lassen konnte: Die Protestanten wurden dabei vernichtend geschlagen. Später wurde der Schmalkaldische Krieg gerne als erster deutscher Bürgerkrieg bezeichnet, der 60 Jahre später vom zweiten, dem Dreißigjährigen Krieg, in den Schatten gestellt wurde: Im ersten Krieg lagen die Verluste in den Tausenden, der zweite brachte einen Todestsunami, den zwei Drittel der Bevölkerung nicht überlebten.

◂ In Schweina wird alljährlich am 24. Dezember die Tradition des Fackelbrands gepflegt. Dieser Brauch baut angeblich auf angelsächsische Wurzeln auf, laut dem Hirten ihr Vieh durch die Asche des Feuers trieben, um es vor Krankheiten und Seuchen zu schützen.

◂ Die mittelalterliche Ruine Liebenstein thront hoch über Bad Liebenstein. Sie hatte den Bauernkrieg 1525 unzerstört überstanden, da sich der Burgherr den Bauern zum Schein unterworfen hatte und so seinen Besitz vor Plünderung hatte retten können. Nach einem Brand verfiel sie schließlich doch. Bad Liebenstein und Burg Liebenstein gehören zusammen. Letztere ist heute Ruine, wurde die Burg doch in den Grumbachschen Händeln 1567 zu einem großen Teil zerstört. In dieser Auseinandersetzung war es um einen Streit der Wettiner mit dem Kaiser gegangen, während dem die Auslieferung des geächteten Ritters Wilhelm von Grumbach verweigert wurde. Die Reichsexekution wurde unter der Wettiner Verwandtschaft ausgefochten. Der Ritter verlor dabei sein Leben durch Vierteilung, der unterlegene Wettiner musste in lebenslange Gefangenschaft (in der er 29 Jahre später auch verstarb). Diese Grumbachschen Händel gingen als letzter Bruch des Landfriedens in die Geschichte ein. Noch vor 1900 wurde die Burgruine Liebenstein das Wanderziel des florierenden Kurorts Bad Liebenstein mit seinen mehrheitlich adeligen Kurgästen, die romantische Ausflugsziele geboten haben wollten. Damals entstand sogar ein reich illustrierter Reiseführer mit handkolorierten Abbildungen. Die herzogliche Porzellanmanufaktur gab Miniaturen auf Teetassen heraus.

▴ Möhra gilt als thüringischer Stammort der Eltern Martin Luthers. Hier hatte sein Vater (1459–1530) gelebt, bevor er 1483 überstürzt mit seiner Familie nach Eisleben umgezogen war. Angeblich hatte er im Streit einen Nachbarn erschlagen und sich deshalb ins damalige Ausland absetzen müssen.

◂ Manchmal reicht es auch nur für eine Häuserzeile, wenn für die Straße auch noch Platz sein muss.

Floh-Seligenthal ist aus einer Bergknappen-Siedlung hervorgegangen. Die Arbeit mit Eisen bestimmte das Leben der Einwohner. Bis nach dem letzten Krieg wurde qualitativ hochwertiges Eisenerz gefördert.

◂ Trusetal ist ein knapp 4.000 Seelen zählender Ort gleich nördlich von Schmalkalden. Durch Eingemeindung wurde die frühere Bergbaustadt in Brotterode-Trusetal umbenannt.

◂ Kleinschmalkalden hatte von 1945 bis 1990 auf Geheiß Ostberlins Pappenheim geheißen, um an einen ermordeten Lokalpolitiker zu erinnern. Da der Ort vor 1920 zu zwei verschiedenen Herrschaftsbereichen gehört hatte, gibt es auch zwei evangelische Kirchen.

◂ Steinbach-Hallenberg ist eine 5.000-Einwohner-Stadt am Fuße des Thüringer Waldes. Hammer und Zange im Stadtwappen verweisen auf die Ursprünge der Stadt. Die spätromanische Burgruine Hallenburg auf dem 80 Meter hohen Porphyrfelsen ist immer noch dominierend und mit dem 20 Meter hohen Bergfried das Wahrzeichen der Stadt. Eine Schenkungsurkunde von 1268 erwähnt das castum Haldenberc. Die mittelalterliche Spornburg dürfte jedoch älter sein. Um 1600 war die Hallenburg Ruine. Erst in der Romantik mit ihrer einsetzenden Bewunderung des mittelalterlichen Lebens machte man sich an der Erhalt der Ruine: 1850 wurden für die Unterhaltung 65 Taler bezahlt. Doch es half alles nichts: 1919 stürzte eine steil hervorspringende Felskanzel ab und riss dabei eine Werkstatt mit sich. Zum Glück kam dabei niemand zu Schaden.

▴ Das Technische Museum Neue Hütte ist ein historisches Bauwerk und technisches Denkmal Schmalkaldens. Der spätklassizistische Fachwerkmantelbau, der den zentralen Hochofen umgibt, verdeutlicht die letzte Entwicklungsstufe der holzkohlebasierten Eisenverhüttung.

Schmalkalden trat schon 874 als *villa Smalcalta* ins historische Licht der Öffentlichkeit. Hier war Thüringer Land, bis ab 1360 das benachbarte Hessen 600 Jahre lang Zugriff auf die Herrschaft Schmalkalden hatte.

Schmalkalden war Nebenresidenz der Landgrafen von Hessen und besticht durch seine Fachwerkbauten.

Suhl ist eine eher mainfränkisch geprägte Stadt am Südhang des Thüringer Waldes. Sie war über Jahrhunderte eine Bergbaustadt. Gerade die Eisenerzvorkommen ließen ein ausgedehntes Rohrschmiede- und Büchsenmacherhandwerk entstehen. Im Mittelalter wurden vor allem Harnische, Panzer und Schwerter geschmiedet. Ende des 16. Jahrhunderts war eine jährliche Produktion von über 20.000 Gewehrrohren aktenkundig. Das Waffenmuseum präsentiert heute die technische Entwicklung der Handfeuerwaffen und deckt die fast 600-jährige Geschichte der Suhler Fertigung von Handfeuerwaffen ab. Angefangen vom Bergbau über die Eisenerzgewinnung bis zur Arbeit der Schäfter, Waffenschmiede und Graveure, zeigt das Museum die gesamte Produktionslinie. Zu DDR-Zeiten war Suhl der kleinste Bezirk. Er umfasste den südlichen Teil Thüringens, in dem der Kamm des Thüringer Waldes die natürliche Grenze bildete.

◂ Schwarza ist eine selbstständige Gemeinde, die 1815 im Wiener Kongress an Preußen gefallen war. Man gehörte daher, obwohl mitten im Thüringer Wald, zum Regierungsbezirk Erfurt.

Ein Neubaugebiet wird erschlossen. Suhl hatte vor 30 Jahren rund 20.000 Einwohner mehr gehabt.

Man sieht sie immer noch gut an diversen Landmarken: die alte DDR-Grenze.

Das neue Autobahndreieck Suhl verbindet die A71 mit der A73. Seit dem Fall der Mauer wurde massiv in die Infrastruktur Thüringens investiert, weil man Straßen als den entscheidenden Motor eines Wirtschaftswachstums ansah.

Die Ruine Schaumburg war ein mittelalterlicher Stammsitz, von dem nur noch Mauerreste geblieben sind. Zu Beginn der 1990er-Jahre hatten umfangreiche Sicherungs- und Rückbaumaßnahmen den Verfall beendet und die Anlage für den Tourismus erschlossen.

Die Autobahnkirche in St. Kilian ist eine Chorturmkirche mit einem markanten Krüppelwalmdach. Drei Glocken stammen aus den Jahren vor 1691. Die evangelische Kirche ist dem Heiligen Kilian geweiht.

In Bad Colberg-Heldburg wird bereits mainfränkisch, genau itzgründisch gesprochen (benannt nach dem Itz-Tal). Hier erreicht Thüringen seine südlichsten Ausläufer und reicht bereits ins ansonsten Fränkische hinein.

Die Talsperre Ratscher besteht seit den 1980er-Jahren als Hochwasserschutzmaßnahme, die A73 ist als Verkehrsprojekt Deutsche Einheit Nr. 16 seit 2008 durchgängig befahrbar.

Die hochmittelalterliche Veste Heldburg auf einem Vulkankegel war im 16. Jahrhundert zum Renaissanceschloss umgebaut worden. Nach der Veste wurde das Heldburger Land benannt, die Veste wird auch als „Fränkische Leuchte" betitelt. ▸

Schloss Bertholdsburg in Schleusingen ist eine massive Festungsanlage, die seit Ende der 1980er-Jahre das Naturhistorische Museum mit rund 100.000 Exponaten beherbergt. Das Museum zählt zu den modernsten ganz Thüringens.

Die alte Residenzstadt Hildburghausen besticht durch ihre Renaissancebauwerke. ▸

Natur- und Umweltschutz

Der Naturpark Thüringer Wald umfasst den weitaus größten Teil des Thüringer Waldes. Ein Kernstück des Naturschutzes ist das rund 170 Quadratkilometer große Biosphärenreservat Vessertal–Thüringer Wald, das ganz vom Naturpark umschlossen ist. Das Biosphärenreservat umfasst rund 17.000 Hektar typische Ökosysteme mit Bergfichten- und Buchenmischwald, mit Bachtälern und sogar Hochmooren. Das Gebiet hatte seit 1939 Schutzstatus, wenn auch mit deutlich kleinerer Fläche. Das Landschaftsbild ist vom Wald geprägt, der 88 Prozent der Fläche bedeckt. Nur die Hochflächen sind manchmal kleinflächig von Bergwiesen unterbrochen. Die enorm hohen Niederschläge in den Kammlagen sind für das Vorkommen von Hochmooren verantwortlich, manche sprechen auch von Regenmooren, da nur Regenwasser für ihre Speisung verantwortlich ist. Der große Höhengradient sichert eine hohe Artenvielfalt. Hier sind 1.245 Pflanzenarten gezählt worden, darunter einige stark gefährdete Pflanzenarten. Siedlungen und Infrastrukturen innerhalb des Biosphärenreservats machen einen verschwindend geringen Anteil von weniger als zwei Prozent aus.

Beim ICE-Tunnelbau wurde im März 2008 eine Höhle entdeckt. Da man keine Kenntnis von der Größe des Hohlraums hatte, versuchte man diesen zunächst mit Beton zu füllen – obwohl dies gegen thüringisches und europäisches Naturschutzrecht verstieß. Nachdem aber 500 Kubikmeter wirkungslos in der Höhle verschwunden waren, beschloss man die Hinzuziehung von Höhlenforschern, die drei Tage lang die Höhle sichten konnten. Anschließend wurde auf einen zügigen Weiterbau des Tunnels bestanden. Der aus dem Tunnelbereich herausführende Höhlenteil ist auf gut 500 Metern untersucht. Er besitzt einen aktiven Bachlauf und einen außergewöhnlichen Tropfsteinschmuck. Fachleute sprechen von Makkaroni-Stalaktiten. Natürlich gibt es Bemühungen, die Bleßberghöhle dem Publikumsverkehr zugänglich zu machen, man denkt auch an ein Besucherzentrum. Man könnte aber auch die sensiblen Sinterbildungen sich selbst überlassen, es würde ihnen nur gut tun.

Stauseen sind im Thüringer Wald nichts Seltenes, Hochspeicher schon. Greifen die einen schon massiv in natürliche Talsituationen ein, indem sie schlicht ein Tal fluten, tun dies die anderen noch viel schwerwiegender, weil meist eine ganze Bergkuppe abzutragen ist. Im Falle des Goldisthal-Oberbeckens ist der menschliche Eingriff unübersehbar. Es war noch zu DDR-Zeiten

geplant und nach der Wende weiterverfolgt worden. Beim Bau des Ringdamms musste der Gipfel des Großen Farmdenkopfes (868,7 Meter) weggesprengt werden. Es entstanden 55 Hektar neue Wasserfläche. Je nach Gelände variiert der Steinschüttdamm zwischen neun und 40 Metern Höhe, um einen Nutzinhalt von rund zwölf Millionen Kubikmetern zu schaffen. Der Widerstand der Bevölkerung war groß, es wurde sogar Klage beim Verwaltungsgericht eingereicht. Heraus kam ein Vergleich. Umweltschutzgruppen wurden mit Geld ruhiggestellt. Eine eigene Stiftung wurde mit gut 3,5 Millionen Euro versorgt – „zur Förderung von Projekten für den Naturschutz und von regenerativen Energien in den neuen Bundesländern". Der Lebensraum des gefährdeten Auerhahns wurde dennoch wieder um ein Stück kleiner.

Im Volllastbetrieb aller vier Turbinen kann das System seit 2003 acht Stunden lang Strom produzieren. Goldisthal mit seiner gigantischen Leistung von 1.060 Megawatt ist seither das größte Wasserkraftwerk Deutschlands und zugleich eines der größten Europas. Natürlich ist Wasserkraftnutzung gesellschaftlich sehr gewollt, natürlich handelt es sich um allseits gewünschte regenerative Energiegewinnung, aber müssen dafür ganze Berggipfel weggesprengt werden? Goldisthal hält uns den Spiegel vor: Wir sind es, die immer mehr Energie verbrauchen.

Der Naturschutz geht zu oft auf Ablasszahlungen ein, ohne zu merken, dass jedes Mal die Decke noch kürzer wird. Zwar ist alles über Landesgesetze geregelt. In Thüringen muss die Flächenverfügbarkeit gesichert sowie eine naturschutzfachliche Aufwertungsfähigkeit gegeben sein. Stimmt die Naturschutzbehörde zu, können die Flächen aufgekauft und dem Flächenpool zugewiesen werden. Diese Kompensation macht leider auch für naturunverträgliche Vorhaben den Weg frei.

Das Bundesland Thüringen hat heute knapp 2,2 Millionen Einwohner. Vor dem Zweiten Weltkrieg war es nur fast ein Drittel dessen gewesen. Die heutige Bevölkerungsdichte liegt damit bei knapp 135 Einwohnern pro Quadratkilometer. Deutschland ist mit 230 Einwohnern pro Quadratkilometer hoffnungslos überbesiedelt. Es liegt in der Verantwortung aller Menschen, auf die Natur Rücksicht zu nehmen und sich für die Erhaltung des Ökosystems für zukünftige Generationen stark zu machen.

◂ So homogen das riesige Waldgebiet des Thüringer Waldes auch aussieht, als Wirtschaftswald ist es von vielen Wegen durchzogen. Sogar Kreuzungen sind gar nicht so selten.

An den Rändern des Thüringer Waldes zeigt sich oft ein Mosaik restlicher Wälder und landwirtschaftlich genutzter Flächen. Viele Menschen wollen das Optimale aus dem Land herausholen.

◂ Waldwelle scheint sich an Waldwelle zu reihen: Die Dimensionen des Thüringer Waldes wollen erst einmal erfasst sein. Wir sind große, oft unbewohnte Gegenden nicht mehr gewohnt.

Kühe auf der Weide gibt es an den Rändern des Thüringer Waldes sehr wohl noch (oder wieder). Kleinräumigkeit prägt die Ränder des großen Waldgebiets. Hier waren die Planer landwirtschaftlicher Großbetriebe an ihre Grenzen gestoßen, Wirtschaftlichkeit wäre einfach nicht mehr sichergestellt gewesen.

Aus der Luft sieht man die Kahlschläge, die sich am Boden verstecken können. Der Thüringer Wald ist ein Wirtschaftswald, der einen jährlichen Einschlag sicherstellen soll.

Im Abendlicht leuchten die Fichtenkronen im warmen Licht, der Boden der Lichtung wird schon nicht mehr erreicht.

◂ Wie eine offene Wunde erscheinen Steinbrüche mitten im Waldgebiet. Glücklicherweise sind sie nicht sehr häufig.

Die Freizeitnutzung schließt Camping mit ein, wie hier im Meyersgrund bei Ilmenau. Der ganzjährig geöffnete Waldcampingplatz kann sommers wie winters mit Zelt oder Wohnwagen besucht werden.

◂ Mitten durch den Thüringer Wald verläuft sie schon, die viel diskutierte Stromverbindung, die den regenerativen Windstrom nach Süden bringen soll. Während man in Bayern noch streitet, hat man hier schon vollendete Tatsachen geschaffen.

An der Häufigkeit der Waldwiesen kann man ablesen, dass man eher im Grenzbereich des Thüringer Waldes unterwegs ist.

Flaches Abendlicht zeigt die tief zerklüftete Waldlandschaft, deren Bewirtschaftung immer wieder an ihre Grenzen stößt.

Buchhinweise

Die Romantische Straße von oben
Eine Traumreise von Würzburg nach Füssen

Franz X. Bogner

978-3-95400-731-8
29,99 €

Das Vogtland aus der Luft
Grüne Hügel, trutzige Burgen und spektakuläre Brücken neu entdeckt

Franz X. Bogner

978-3-95400-739-4
19,99 €

Buchhinweise

Das Erzgebirge von oben
Entdeckungen zwischen
Freiberg und Klingenthal

Franz X. Bogner

978-3-95400-589-5
24,99 €

Die Saale aus der Luft
Von der Quelle bis zur Mündung

Franz X. Bogner

978-3-95400-371-6
24,99 €

Weitere Bücher aus Ihrer Region finden Sie unter:
www.suttonverlag.de

Ortsregister